Données de catalogage avant publication (Canada)

Larochelle, Murielle,
Comment j'ai arrêté la sucette
(Collection «3 à 8 ans»)
ISBN 2-920660-41-1
I. Cuadrado, Marc, 1959- . II. Titre. III. Collection.
PS8573. A7437C65 1996 jC843'.54 C96-940818-8
PS9573. A7437C65 1996
PZ23. L37Co 1996

À Clara et Candice,
Isabelle et Stéphanie

Dépôt légal - 3e trimestre 1996
Bibliothèque nationale du Québec
Bibliothèque nationale du Canada

C.P. 300
Succ. Laflèche
Saint-Hubert (Qc)
J4T 3J2

Imprimé au Canada

Les éditions du Raton Laveur remercient le Conseil des Arts du Canada du soutien accordé à son programme d'édition dans le cadre du programme des subventions globales aux éditeurs.

Cet ouvrage a été publié avec le soutien de la SODEC.

COMMENT J'AI ARRÊTÉ LA SUCETTE

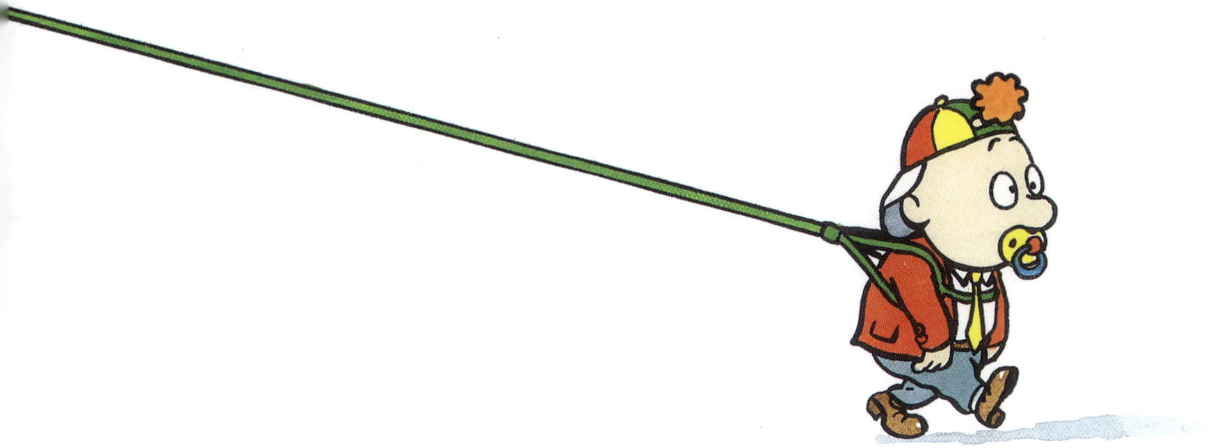

Texte :
Murielle Larochelle

Illustrations :
Marc Cuadrado

Les éditions du Raton Laveur

Tout a commencé à ma naissance, quand ma mère, la première fois, m'a donné le sein. Là, tout contre elle, j'étais bien. C'était doux, c'était chaud, et le lait apaisait ma faim.

Je voulais tout le temps qu'elle s'occupe de moi. Et très vite, j'ai appris à pleurer, même si ce n'était pas l'heure de ma tétée.

Parfois, cependant, ça ne marchait pas.

Certains bébés étaient peut-être plus chanceux que moi. Mais d'autres l'étaient beaucoup moins. Et je me demandais vraiment si certains mangeaient à leur faim.

Mon père, lui, ne me donnait pas le sein. Et il trouvait parfois bien long le temps de mon biberon.

IL L'A
FAIT...!

Mes parents étaient souvent fatigués. Mes pleurs les réveillaient la nuit. Un jour, ils ont trouvé la solution.

Quand j'ai eu la sucette en bouche, j'ai toussé et je l'ai recrachée.

C'est comme ça que j'ai inventé mon premier jeu de société.

Alors, maman a eu une idée géniale: la tremper dans du miel!

J'ai grandi ainsi, avec ma sucette qui ne me quittait plus d'un pouce. Quand je la perdais, j'étais, moi aussi, complètement perdu. Au point qu'un jour, j'ai dû me rendre à l'évidence: j'étais ACCROCHÉ! Je ne pouvais plus m'en passer.

Il fallait réagir... Ma première dent allait enfin servir!

Je me souviens encore de cette nuit d'insomnie...

Heureusement, le lendemain, j'ai retrouvé
une vieille sucette égarée sous le canapé.

Je n'étais pas fier de moi. D'autres étaient capables de s'en passer. Pourquoi pas moi? Aussi, quand la voisine est venue prendre le thé, j'ai à nouveau décidé d'arrêter.

Commença alors une période pénible de ma vie. Je me jetais sur toutes les sucreries. À la garderie, je commençais à perdre mes amis.

Lentement, je glissais sur la mauvaise pente. Ne valait-il pas mieux, finalement, accepter ma faiblesse d'avant? J'allai renégocier avec mon voisin.

À cette époque, ma gardienne ne me chantait pas que des chansons. Souvent, aussi, elle me donnait des leçons.

Je la croyais... mais seulement à moitié. Aussi, j'ai demandé à ma tante si tout ça n'était pas inventé. Là, j'ai paniqué.

Ma tante a ajouté que si, à mon âge, je n'étais pas capable d'arrêter, je serais dépendant à jamais. Et elle a cité tous les cas qu'elle connaissait.

Ç'en était trop. Mon avenir m'apparaissait sinistre. Moi qui rêvais de devenir un jour premier ministre... Je devais prendre LA décision. Et sur-le-champ!

Les premiers temps ont été durs. Très durs. Deux fois même j'ai failli rechuter. Heureusement, à la garderie, j'ai rencontré Noémie. Elle aussi vient d'arrêter.

À deux, nous allons former une association. Pour aider tous ceux qui, comme nous, ont touché le fond. Pour montrer qu'on peut y arriver. Avec de la volonté!